Todos los libros de Linkgua Ediciones cuentan con modelos de Inteligencia Artificial entrenados por hispanistas. Pregúntale al chat de tu libro lo que desees acerca de la obra o su autor/a.

Para ebooks: Accede a nuestro modelo de IA a través de este enlace.

Para libros impresos: Escanea el código QR de la portada con tu dispositivo móvil.

Obtén análisis detallados de nuestros libros, resúmenes, respuestas a tus preguntas y accede a nuestras ediciones críticas generativas para una experiencia de lectura más enriquecedora.
La transparencia y el respeto hacia la autoría de las fuentes utilizadas son distintivos básicos de nuestro proyecto. Por ello, las respuestas ofrecen, mediante un sistema de citas, las fuentes con las que han sido elaboradas.

César Vallejo

Poemas en prosa

Edición de Georgette de Vallejo

Barcelona 2024
Linkgua-ediciones.com

Créditos

Título original: Poemas en prosa.

© 2024, Red ediciones S.L.

e-mail: info@linkgua.com

Diseño de cubierta: Michel Mallard.

ISBN rústica ilustrada: 978-84-1126-749-6.
ISBN ebook: 978-84-9897-509-3.

Sumario

Brevísima presentación

La vida

César Abraham Vallejo Mendoza (Santiago de Chuco, 1892-1938, París). Perú.

Sus padres eran Francisco de Paula Vallejo Benítez y María de los Santos Mendoza Gurrionero. Fue el menor de once hermanos. Su tez mestiza se debe que sus abuelas fueron indias y sus abuelos sacerdotes gallegos. Sus padres querían dedicarlo al sacerdocio, lo que él en su primera infancia aceptó.

Vallejo estudió en el Centro Escolar N.º 271 de Santiago de Chuco, y desde abril de 1905 hasta 1909 hizo la secundaria en el Colegio Nacional San Nicolás de Huamachuco. En 1910 se matriculó en la Facultad de Letras de la Universidad Nacional de Trujillo y en 1911 viajó a Lima para estudiar en la Escuela de Medicina de San Fernando. Tras varios trabajos, Vallejo terminó en 1915 la carrera de Letras.

En 1916 frecuentó la juventud intelectual de la «bohemia trujillana» y se enamoró de María Rosa Sandoval. En 1917 conoció a «Mirto» (Zoila Rosa Cuadra), pero el romance duró poco y al parecer César intentó suicidarse tras un desengaño. Poco después se embarcó en el vapor Ucayali con rumbo a Lima donde conoció a lo más selecto de la intelectualidad limeña. Llegó a entrevistarse con José María Eguren y con Manuel González Prada, a quien los jóvenes consideraban un maestro y guía. Asimismo, publicó algunos de sus poemas en la *Revista Suramérica*.

En 1918 trabajó en el colegio Barros y tras la muere de su director, Vallejo se hizo cargo de la dirección del mismo. Luego, en 1919 fue profesor en el Colegio Guadalupe.

Ese año ven la luz los poemas de *Los heraldos negros*, que muestran cierta influencia modernista.

Su madre murió en 1918 y al volver a Santiago de Chuco Vallejo fue encarcelado durante 105 días, acusado de haber participado en el saqueo de una casa. En la cárcel escribió la mayoría de los poemas de *Trilce* y en 1921 recibió la libertad condicional. Entonces fue admitido otra vez en el Colegio Guadalupe.

Con el dinero que le debía el Ministerio de Educación se marchó a Europa en el vapor Oroya el 17 de junio de 1923 y llegó a París el 13 de julio.

En París hizo amistad con Juan Larrea y Vicente Huidobro; y tuvo contacto con Pablo Neruda y Tristán Tzara.

En 1926 conoció a Henriette Maisse, con quien convivió hasta octubre de 1928. Fundó junto al poeta español Juan Larrea una revista mientras colaboraba con *Variedades* y *Amauta*, la revista de José Carlos Mariátegui. Por entonces profundizó en sus estudios de marxismo. En 1927 conoció a Georgette Marie Philippart Travers y ese año viajó a Rusia.

Hacia 1929 mantiene sus colaboraciones con *Variedades*, *Mundial* y el diario *El Comercio*. En 1930 el gobierno español le concedió una modesta beca para escritores. Poco después viajó a la Unión Soviética para participar en el Congreso Internacional de Escritores Solidarios con el régimen soviético. Tras su regreso a París se casó con Georgette Philippart en 1934 y se integró en el Partido Comunista del Perú fundado por Mariátegui. En 1937 Vallejo y Neruda fundaron en España el Grupo Hispanoamericano de Ayuda a España, en plena Guerra Civil.

En 1938 trabajó como profesor de Lengua y Literatura, pero en marzo sufrió un agotamiento físico. El 24 de marzo fue internado padeciendo una enfermedad desconocida y murió en París el 15 de abril de 1938.

El buen sentido

Hay, madre, un sitio en el mundo, que se llama París. Un sitio muy grande y lejano y otra vez grande.

Mi madre me ajusta el cuello del abrigo, no porque empieza a nevar, sino para que empiece a nevar.

La mujer de mi padre está enamorada de mí, viniendo y avanzando de espaldas a mi nacimiento y de pecho a mi muerte. Que soy dos veces suyo: por el adiós y por el regreso. La cierro, al retornar. Por eso me dieran tanto sus ojos, justa de mí, in fraganti de mí, aconteciéndose por obras terminadas, por pactos consumados.

Mi madre está confesa de mí, nombrada de mí. ¿Cómo no da otro tanto a mis otros hermanos? A Víctor, por ejemplo, el mayor, que es tan viejo ya, que las gentes dicen: ¡Parece hermano menor de su madre! ¡Fuere porque yo he viajado mucho! ¡Fuere porque yo he vivido más!

Mi madre acuerda carta de principio colorante a mis relatos de regreso. Ante mi vida de regreso, recordando que viajé durante dos corazones por su vientre, se ruboriza y se queda mortalmente lívida, cuando digo, en el tratado del alma: Aquella noche fui dichoso. Pero, más se pone triste; más se pusiera triste.

—Hijo, ¡cómo estás viejo!

Y desfila por el color amarillo a llorar, porque me halla envejecido, en la hoja de espada, en la desembocadura de mi rostro. Llora de mí, se entristece de mí. ¿Qué falta hará mi mocedad, si siempre seré su hijo? ¿Por qué las madres se duelen de hallar envejecidos a sus hijos, si jamás la edad de ellos alcanzará a la de ellas? ¿Y por qué, si los hijos, cuanto más se acaban, más se aproximan a los padres? ¡Mi madre llora porque estoy viejo de mi tiempo y porque nunca llegaré a envejecer del suyo! Mi adiós partió de un punto de su ser, más externo que el punto de su ser al que retorno. Soy, a causa del excesivo plazo de mi vuelta, más el hombre ante mi madre que el hijo ante mi madre. Allí reside el candor que hoy nos alumbra con tres llamas. Le digo entonces hasta que me callo:

—Hay, madre, en el mundo un sitio que se llama París. Un sitio muy grande y muy lejano y otra vez grande.

La mujer de mi padre, al oírme, almuerza y sus ojos mortales descienden suavemente por mis brazos.

La violencia de las horas

Todos han muerto.

Murió doña Antonia, la ronca, que hacía pan barato en el burgo.

Murió el cura Santiago, a quien placía le saludasen los jóvenes y las mozas, respondiéndoles a todos, indistintamente: «Buenos días, José! Buenos días, María!».

Murió aquella joven rubia, Carlota, dejando un hijito de meses, que luego también murió a los ocho días de la madre.

Murió mi tía Albina, que solía cantar tiempos y modos de heredad, en tanto cosía en los corredores, para Isidora, la criada de oficio, la honrosísima mujer.

Murió un viejo tuerto, su nombre no recuerdo, pero dormía al sol de la mañana, sentado ante la puerta del hojalatero de la esquina.

Murió Rayo, el perro de mi altura, herido de un balazo de no se sabe quién.

Murió Lucas, mi cuñado en la paz de las cinturas, de quien me acuerdo cuando llueve y no hay nadie en mi experiencia.

Murió en mi revólver mi madre, en mi puño mi hermana y mi hermano en mi víscera sangrienta, los tres ligados por un género triste de tristeza, en el mes de agosto de años sucesivos.

Murió el músico Méndez, alto y muy borracho, que solfeaba en su clarinete tocatas melancólicas, a cuyo articulado se dormían las gallinas de mi barrio, mucho antes de que el sol se fuese.

Murió mi eternidad y estoy velándola.

Lánguidamente su licor

Tendríamos ya una edad misericordiosa, cuando mi padre ordenó nuestro ingreso a la escuela. Cura de amor, una tarde lluviosa de febrero, mamá servía en la cocina el yantar de oración. En el corredor de abajo, estaban sentados a la mesa mi padre y mis hermanos mayores. Y mi madre iba sentada al pie del mismo fuego del hogar. Tocaron a la puerta.

—Tocan a la puerta! —mi madre.

—Tocan a la puerta! —mi propia madre.

—Tocan a la puerta! —dijo toda mi madre, tocándose las entrañas a trastes infinitos, sobre toda la altura de quien viene.

—Anda, Nativa, la hija, a ver quién viene.

Y, sin esperar la venia maternal, fuera Miguel, el hijo, quien salió a ver quién venía así, oponiéndose a lo ancho de nosotros.

Un tiempo de rúa contuvo a mi familia. Mamá salió, avanzando inversamente y como si hubiera dicho: *las partes*. Se hizo patio afuera. Nativa lloraba de una tal visita, de un tal patio y de la mano de mi madre. Entonces y cuando, dolor y paladar techaron nuestras frentes.

—Porque no le dejé que saliese a la puerta —Nativa, la hija—, me ha echado Miguel al pavo. A su paVo.

¡Qué diestra de subprefecto, la diestra del padrE, revelando, el hombre, las falanjas filiales del niño! Podía así otorgarle las venturas que el hombre deseara más tarde. Sin embargo:

—Y mañana, a la escuela —disertó magistralmente el padre, ante el público semanal de sus hijos.

Y tal, la ley, la causa de la ley. Y tal también la vida.

Mamá debió llorar, gimiendo apenas la madre. Ya nadie quiso comer. En los labios del padre cupo, para salir rompiéndose, una fina cuchara que conozco. En las fraternas bocas, la absorta amargura del hijo, quedó atravesada.

Más, luego, de improviso, salió de un albañal de aguas llovedizas y de aquel mismo patio de la visita mala, una gallina, no ajena ni ponedora, sino brutal y negra. Cloqueaba en mi garganta. Fue una gallina vieja, maternalmente viuda de unos pollos que no llegaron a incubarse. Origen olvidado de ese instante, la gallina era viuda de sus hijos. Fueron hallados vacíos todos los huevos. La clueca después tuvo el verbo.

Nadie la espantó. Y de espantarla, nadie dejó arrullarse por su gran calofrío maternal.

—¿Dónde están los hijos de la gallina vieja?

—¿Dónde están los pollos de la gallina vieja?

¡Pobrecitos! ¡Dónde estarían!

El momento más grave de la vida

Un hombre dijo:
—El momento más grave de mi vida estuvo en la batalla del Marne cuando fui herido en el pecho.
Otro hombre dijo:
—El momento más grave de mi vida, ocurrió en un maremoto de Yokohama, del cual salvé milagrosamente, refugiado bajo el alero de una tienda de lacas.
Y otro hombre dijo:
—El momento más grave de mi vida acontece cuando duermo de día.
Y otro dijo:
—El momento más grave de mi vida ha estado en mi mayor soledad.
Y otro dijo:
—El momento más grave de mi vida fue mi prisión en una cárcel del Perú.
Y otro dijo:
—El momento más grave de mi vida es el haber sorprendido de perfil a mi padre.
Y el último hombre dijo:
—El momento más grave de mi vida no ha llegado todavía.

Las ventanas se han estremecido...

Las ventanas se han estremecido, elaborando una metafísica del universo. Vidrios han caído. Un enfermo lanza su queja: la mitad por su boca lenguada y sobrante, y toda entera, por el ano de su espalda.

Es el huracán. Un castaño del jardín de las Tullerías habráse abatido, al soplo del viento, que mide ochenta metros por segundo. Capiteles de los barrios antiguos, habrán caído, hendiendo, matando.

¿De qué punto interrogo, oyendo a ambas riberas de los océanos, de qué punto viene este huracán, tan digno de crédito, tan honrado de deuda derecho a las ventanas del hospital? ¡Ay las direcciones inmutables, que oscilan entre el huracán y esta pena directa de toser o defecar! ¡Ay! las direcciones inmutables, que así prenden muerte en las entrañas del hospital y despiertan células clandestinas a deshora, en los cadáveres.

¿Qué pensaría de sí el enfermo de enfrente, ése que está durmiendo, si hubiera percibido el huracán? El pobre duerme, boca arriba, a la cabeza de su morfina, a los pies de toda su cordura. Un adarme más o menos en la dosis y le llevarán a enterrar, el vientre roto, la boca arriba, sordo el huracán, sordo a su vientre roto, ante el cual suelen los médicos dialogar y cavilar largamente, para, al fin, pronunciar sus llanas palabras de hombres.

La familia rodea al enfermo agrupándose ante sus sienes regresivas, indefensas, sudorosas. Ya no existe hogar sino en torno al velador del pariente enfermo, donde montan guardia impaciente, sus zapatos vacantes, sus cruces de repuesto, sus píldoras de opio. La familia rodea la mesita por espacio de un alto dividendo. Una mujer acomoda en el borde de la mesa, la taza, que casi se ha caído. Ignoro lo que será del enfermo esta mujer, que le besa y no puede sanarle con el beso, le mira y no puede sanarle con los ojos, le habla y no puede sanarle con el verbo. ¿Es su madre? ¿Y cómo, pues, no puede sanarle? ¿Es su amada? ¿Y cómo, pues, no puede sanarle? ¿Es su hermana? Y ¿cómo, pues, no puede sanarle? ¿Es, simplemente, una mujer? ¿Y cómo pues, no puede sanarle? Porque esta mujer le ha besado, le ha mirado, le ha hablado y hasta le ha cubierto mejor el cuello al enfermo y ¡cosa verdaderamente asombrosa! no le ha sanado.

El paciente contempla su calzado vacante. Traen queso. Llevan sierra. La muerte se acuesta al pie del lecho, a dormir en sus tranquilas aguas y se duerme. Entonces, los libres pies del hombre enfermo, sin menudencias ni pormenores innecesarios, se estiran en acento circunflejo, y se alejan, en una extensión de dos cuerpos de novios, del corazón.

El cirujano ausculta a los enfermos horas enteras. Hasta donde sus manos cesan de trabajar y empiezan a jugar, las lleva a tientas, rozando la piel de los pacientes, en tanto sus párpados científicos vibran, tocados por la indocta, por la humana flaqueza del amor. Y he visto a esos enfermos morir precisamente del amor desdoblado del cirujano, de los largos diagnósticos, de las dosis exactas, del riguroso análisis de orinas y excrementos. Se rodeaba de improviso un lecho con un biombo. Médicos y enfermeros cruzaban delante del ausente, pizarra triste y próxima, que un niño llenara de números, en un gran monismo de pálidos miles. Cruzaban así, mirando a los otros, como si más irreparable fuese morir de apendicitis o neumonía, y no morir al sesgo del paso de los hombres.

Sirviendo a la causa de la religión, vuela con éxito esta mosca, a lo largo de la sala. A la hora de la visita de los cirujanos, sus zumbidos nos perdonan el pecho, ciertamente, pero desarrollándose luego, se adueñan del aire, para saludar con genio de mudanza, a los que van a morir. Unos enfermos oyen a esa mosca hasta durante el dolor y de ellos depende, por eso, el linaje del disparo, en las noches tremebundas.

¿Cuánto tiempo ha durado la anestesia, que llaman los hombres? ¡Ciencia de Dios, Teodicea! ¡si se me echa a vivir en tales condiciones, anestesiado totalmente, volteada mi sensibilidad para adentro! ¡Ah doctores de las sales, hombres de las esencias, prójimos de las bases! ¡Pido se me deje con mi tumor de conciencia, con mi irritada lepra sensitiva, ocurra lo que ocurra aunque me muera! Dejadme dolerme, si lo queréis, mas dejadme despierto de sueño, con todo el universo metido, aunque fuese a las malas, en mi temperatura polvorosa.

En el mundo de la salud perfecta, se reirá por esta perspectiva en que padezco; pero, en el mismo plano y cortando la baraja del juego, percute aquí otra risa de contrapunto.

En la casa del dolor, la queja asalta síncopes de gran compositor, golletes de carácter, que nos hacen cosquillas de verdad, atroces, arduas, y, cumpliendo lo prometido, nos hielan de espantosa incertidumbre.

En la casa del dolor, la queja arranca frontera excesiva. No se reconoce en esta queja de dolor, a la propia queja de la dicha en éxtasis, cuando el amor y la carne se eximen de azor y cuando, al regresar, hay discordia bastante para el diálogo.

¿Dónde está, pues, el otro flanco de esta queja de dolor, si, a estimarla en conjunto, parte ahora del lecho de un hombre?

De la casa del dolor parten quejas tan sordas e inefables y tan colmadas de tanta plenitud que llorar por ellas sería poco, y sería ya mucho sonreír.

Se atumulta la sangre en el termómetro.

¡No es grato morir, señor, si en la vida nada se deja y si en la muerte nada es posible, sino sobre lo que se deja en la vida!

¡No es grato morir, señor, si en la vida nada se deja y si en la muerte nada es posible, sino sobre lo que se deja en la vida!

¡No es grato morir, señor, si en la vida nada se deja y si en la muerte nada es posible, sino sobre lo que pudo dejarse en la vida!

Voy a hablar de la esperanza

Yo no sufro este dolor como César Vallejo. Yo no me duelo ahora como artista, como hombre ni como simple ser vivo siquiera. Yo no sufro este dolor como católico, como mahometano ni como ateo. Hoy sufro solamente. Si no me llamase César Vallejo, también sufriría este mismo dolor. Si no fuese artista, también lo sufriría. Si no fuese hombre ni ser vivo siquiera, también lo sufriría. Si no fuese católico, ateo ni mahometano, también lo sufriría. Hoy sufro desde más abajo. Hoy sufro solamente.

Me duelo ahora sin explicaciones. Mi dolor es tan hondo, que no tuvo ya causa ni carece de causa. ¿Qué sería su causa? ¿Dónde está aquello tan importante, que dejase de ser su causa? Nada es su causa; nada ha podido dejar de ser su causa. ¿A qué ha nacido este dolor, por sí mismo? Mi dolor es del viento del norte y del viento del sur, como esos huevos neutros que algunas aves raras ponen del viento. Si hubiera muerto mi novia, mi dolor sería igual. Si la vida fuese, en fin, de otro modo, mi dolor sería igual. Hoy sufro desde más arriba. Hoy sufro solamente.

Miro el dolor del hambriento y veo que su hambre anda tan lejos de mi sufrimiento, que de quedarme ayuno hasta morir, saldría siempre de mi tumba una brizna de yerba al menos. Lo mismo el enamorado. ¡Qué sangre la suya más engendrada, para la mía sin fuente ni consumo!

Yo creía hasta ahora que todas las cosas del universo eran, inevitablemente, padres o hijos. Pero he aquí que mi dolor de hoy no es padre ni es hijo. Le falta espalda para anochecer, tanto como le sobra pecho para amanecer y si lo pusiesen en la estancia oscura, no daría luz y si lo pusiesen en una estan-

cia luminosa, no echaría sombra. Hoy sufro suceda lo que
suceda. Hoy sufro solamente.

Hallazgo de La vida

¡Señores! Hoy es la primera vez que me doy cuenta de la presencia de la vida. ¡Señores! Ruego a ustedes dejarme libre un momento, para saborear esta emoción formidable, espontánea y reciente de la vida, que hoy, por la primera vez, me extasía y me hace dichoso hasta las lágrimas.

Mi gozo viene de lo inédito de mi emoción. Mi exultación viene de que antes no sentí la presencia de la vida. No la he sentido nunca. Miente quien diga que la he sentido. Miente y su mentira me hiere a tal punto que me haría desgraciado. Mi gozo viene de mi fe en este hallazgo personal de la vida, y nadie puede ir contra esta fe. Al que fuera, se le caería la lengua, se le caerían los huesos y correría el peligro de recoger otros, ajenos, para mantenerse de pie ante mis ojos.

Nunca, sino ahora, ha habido vida. Nunca, sino ahora, han pasado gentes. Nunca, sino ahora, ha habido casas y avenidas, aire y horizonte. Si viniese ahora mi amigo Peyriet, les diría que yo no le conozco y que debemos empezar de nuevo. ¿Cuándo, en efecto, le he conocido a mi amigo Peyriet? Hoy sería la primera vez que nos conocemos. Le diría que se vaya y regrese y entre a verme, como si no me conociera, es decir, por la primera vez.

Ahora yo no conozco a nadie ni nada. Me advierto en un país extraño, en el que todo cobra relieve de nacimiento, luz de epifanía inmarcesible. No, señor. No hable usted a ese caballero. Usted no lo conoce y le sorprendería tan inopinada parla. No ponga usted el pie sobre esa piedrecilla: quién sabe no es piedra y vaya usted a dar en el vacío. Sea usted precavido, puesto que estamos en un mundo absolutamente inconocido.

¡Cuán poco tiempo he vivido! Mi nacimiento es tan reciente, que no hay unidad de medida para contar mi edad. ¡Si acabo de nacer! ¡Si aún no he vivido todavía! Señores: soy tan pequeñito, que el día apenas cabe en mí.

Nunca, sino ahora, oí el estruendo de los carros, que cargan piedras para una gran construcción del boulevard Haussmann. Nunca, sino ahora avancé paralelamente a la primavera, diciéndola: «Si la muerte hubiera sido otra...». Nunca, sino ahora, vi la luz áurea del sol sobre las cúpulas de Sacre-Coeur. Nunca, sino ahora, se me acercó un niño y me miró hondamente con su boca. Nunca, sino ahora, supe que existía una puerta, otra puerta y el canto cordial de las distancias.

¡Dejadme! La vida me ha dado ahora en toda mi muerte.

Nómina de huesos

Se pedía a grandes voces:
—Que muestre las dos manos a la vez.
Y esto no fue posible.
—Que, mientras llora, le tomen la medida de sus pasos.
Y esto no fue posible.
—Que piense un pensamiento idéntico, en el tiempo en que un cero permanece inútil.
Y esto no fue posible.
—Que haga una locura.
Y esto no fue posible.
—Que entre él y otro hombre semejante a él, se interponga una muchedumbre de hombres como él.
Y esto no fue posible.
—Que le comparen consigo mismo.
Y esto no fue posible.
—Que le llamen, en fin, por su nombre.
Y esto no fue posible.

Una mujer de senos apacibles...

Una mujer de senos apacibles, ante los que la lengua de la vaca resucita una glándula violenta. Un hombre de templanza, mandibular de genio, apto para marchar de dos a dos con los goznes de los cofres. Un niño está al lado del hombre, llevando por el revés, el derecho animal de la pareja.

¡Oh la palabra del hombre, libre de adjetivos y de adverbios que la mujer decline en su único caso de mujer, aun entre las mil voces de la Capilla Sixtina! ¡Oh la falda de ella, en el punto maternal donde pone el pequeño las manos y juega a los pliegues, haciendo a veces agrandar las pupilas de la madre, como en las sanciones de los confesionarios!

Yo tengo mucho gusto de ver así al Padre, al Hijo y al Espiritusanto, con todos los emblemas e insignias de sus cargos.

No vive ya nadie...

—No vive ya nadie en la casa —me dices—; todos se han ido.
La sala, el dormitorio, el patio, yacen despoblados. Nadie ya
queda, pues que todos han partido.
Y yo te digo: Cuando alguien se va, alguien queda. El punto
por donde pasó un hombre, ya no está solo. Únicamente está
solo, de soledad humana, el lugar por donde ningún hom-
bre ha pasado. Las casas nuevas están más muertas que las
viejas, porque sus muros son de piedra o de acero, pero no
de hombres. Una casa viene al mundo, no cuando la acaban
de edificar, sino cuando empiezan a habitarla. Una casa vive
únicamente de hombres, como una tumba. De aquí esa irre-
sistible semejanza que hay entre una casa y una tumba. Solo
que la casa se nutre de la vida del hombre, mientras que la
tumba se nutre de la muerte del hombre. Por eso la primera
está de pie, mientras que la segunda está tendida.

Todos han partido de la casa, en realidad, pero todos se
han quedado en verdad. Y no es el recuerdo de ellos lo que
queda, sino ellos mismos. Y no es tampoco que ellos queden
en la casa, sino que continúan por la casa. Las funciones y
los actos se van de la casa en tren o en avión o a caballo, a
pie o arrastrándose. Lo que continúa en la casa es el órgano,
el agente en gerundio y en círculo. Los pasos se han ido, los
besos, los perdones, los crímenes. Lo que continúa en la casa
es el pie, los labios, los ojos, el corazón. Las negaciones y
las afirmaciones, el bien y el mal, se han dispersado. Lo que
continúa en la casa, es el sujeto del acto.

Existe un mutilado...

Existe un mutilado, no de un combate sino de un abrazo, no de la guerra sino de la paz. Perdió el rostro en el amor y no en el odio. Lo perdió en el curso normal de la vida y no en un accidente. Lo perdió en el orden de la naturaleza y no en el desorden de los hombres. El coronel Piccot, Presidente de «Les Gueules Cassées», lleva la boca comida por la pólvora de 1914. Este mutilado que conozco, lleva el rostro comido por el aire inmortal e inmemorial.

Rostro muerto sobre el tronco vivo. Rostro yerto y pegado con clavos a la cabeza viva. Este rostro resulta ser el dorso del cráneo, el cráneo del cráneo. Vi una vez un árbol darme la espalda y vi otra vez un camino que me daba la espalda. Un árbol de espaldas solo crece en los lugares donde nunca nació ni murió nadie. Un camino de espaldas solo avanza por los lugares donde ha habido todas las muertes y ningún nacimiento. El mutilado de la paz y del amor, del abrazo y del orden y que lleva el rostro muerto sobre el tronco vivo, nació a la sombra de un árbol de espaldas y su existencia transcurre a lo largo de un camino de espaldas.

Como el rostro está yerto y difunto, toda la vida psíquica, toda la expresión animal de este hombre, se refugia, para traducirse al exterior, en el peludo cráneo, en el tórax y en las extremidades. Los impulsos de su ser profundo, al salir, retroceden del rostro y la respiración, el olfato, la vista, el oído, la palabra, el resplandor humano de su ser, funcionan y se expresan por el pecho, por los hombros, por el cabello, por las costillas, por los brazos y las piernas y los pies.

Mutilado del rostro, tapado del rostro, cerrado del rostro, este hombre, no obstante, está entero y nada le hace falta.

No tiene ojos y ve y llora. No tiene narices y huele y respira. No tiene oídos y escucha. No tiene boca y habla y sonríe. No tiene frente y piensa y se sume en sí mismo. No tiene mentón y quiere y subsiste. Jesús conocía al mutilado de la función, que tenía ojos y no veía y tenía orejas y no oía. Yo conozco al mutilado del órgano, que ve sin ojos y oye sin orejas.

Algo te identifica

Algo te identifica con el que se aleja de ti, y es la facultad común de volver: de ahí tu más grande pesadumbre.

Algo te separa del que se queda contigo, y es la esclavitud común de partir: de ahí tus más nimios regocijos.

Me dirijo, en esta forma, a las individualidades colectivas, tanto como a las colectividades individuales y a los que, entre unas y otras, yacen marchando al son de las fronteras o, simplemente, marcan el paso inmóvil en el borde del mundo.

Algo típicamente neutro, de inexorablemente neutro, interpónese entre el ladrón y su víctima. Esto, asimismo, puede discernirse tratándose del cirujano y del paciente. Horrible medialuna, convexa y solar, cobija a unos y otros. Porque el objeto hurtado tiene también su peso indiferente, y el órgano intervenido, también su grasa triste.

¿Qué hay de más desesperante en la tierra, que la imposibilidad en que se halla el hombre feliz de ser infortunado y el hombre bueno, de ser malvado?

¡Alejarse! ¡Quedarse! ¡Volver! ¡Partir! Toda la mecánica social cabe en estas palabras.

Cesa el anhelo...

Cesa el anhelo, rabo al aire. De súbito, la vida amputa, en seco. Mi propia sangre me salpica en líneas femeninas, y hasta la misma urbe sale a ver esto que se para de improviso.

—¿Qué ocurre aquí, en este hijo del hombre? —clama la urbe, y en una sala del Louvre, un niño llora de terror a la vista del retrato de otro niño.

—¿Qué ocurre aquí, en este hijo de mujer? —clama la urbe, y a una estatua del siglo de los Ludovico, le nace una brizna de yerba en plena palma de la mano.

Cesa el anhelo, a la altura de la mano enarbolada. Y yo me escondo detrás de mí mismo, a aguaitarme si paso por lo bajo o merodeo en alto.

¡Cuatro conciencias...

¡Cuatro conciencias
simultáneas enrédanse en la mía!
¡Si vierais cómo ese movimiento
apenas cabe ahora en mi conciencia!
¡Es aplastante! Dentro de una bóveda
pueden muy bien
adosarse, ya internas o ya externas,
segundas bóvedas, mas nunca cuartas;
mejor dicho, sí,
mas siempre y, a lo sumo, cual segundas.
No puedo concebirlo; es aplastante.
Vosotros mismos a quienes inicio en la noción
de estas cuatro conciencias simultáneas,
enredadas en una sola, apenas os tenéis
de pie ante mi cuadrúpedo intensivo.
¡Y yo, que le entrevisto (Estoy seguro)!

Entre el dolor y el placer...

Entre el dolor y el placer median tres criaturas,
de las cuales la una mira a un muro,
la segunda usa de ánimo triste
y la tercera avanza de puntillas;
pero, entre tú y yo,
solo existen segundas criaturas.
Apoyándose en mi frente,
el día conviene en que, de veras,
hay mucho de exacto en el espacio;
pero, si la dicha, que, al fin, tiene un tamaño,
principia ¡ay! por mi boca,
¿quién me preguntará por mi palabra?
Al sentido instantáneo de la eternidad
corresponde
este encuentro investido de hilo negro,
pero a tu despedida temporal,
tan solo corresponde lo inmutable,
tu criatura, el alma, mi palabra.

En el momento en que el tenista...

En el momento en que el tenista lanza magistralmente
su bala, le posee una inocencia totalmente animal;
en el momento
en que el filósofo sorprende una nueva verdad
es una bestia completa.
Anatole France afirmaba
que el sentimiento religioso
es la función de un órgano especial del cuerpo humano
hasta ahora ignorado y se podría
decir también, entonces
que, en el momento exacto en que un tal órgano
funciona plenamente,
tan puro de malicia está el creyente,
que se diría casi un vegetal.
¡Oh alma! ¡Oh pensamiento! ¡Oh Marx! ¡Oh Feuerbach!

Me estoy riendo

Un guijarro, uno solo, el más bajo de todos,
controla
a todo el médano aciago y faraónico.

El aire adquiere tensión de recuerdo
                        y de anhelo,
y bajo el sol se calla
hasta exigir el cuello a las pirámides.

Sed. Hidratada melancolía de la tribu errabunda,
gota
a
gota
del siglo al minuto.

Son tres Treses paralelos,
barbados de barba inmemorial,
en marcha   3   3   3

Es el tiempo este anuncio de gran zapatería,
es el tiempo, que marcha descalzo
de la muerte   hacia   la muerte.

He aquí que hoy saludo...

He aquí que hoy saludo, me pongo el cuello y vivo,
superficial de pasos insondable de plantas.
Tal me recibo de hombre, tal más bien me despido
y de cada hora mía retoña una distanciA.

¿Queréis más? encantado.
Políticamente, mi palabra
emite cargos contra mi labio inferior
y económicamente,
cuando doy la espalda a Oriente,
distingo en dignidad de muerte a mis visitas.

Desde ttttales códigos regulares saludo
al soldado desconocido
al verso perseguido por la tinta fatal
y al saurio que Equidista diariamente
de su vida y su muerte,
como quien no hace la cosa.

El tiempo tiene hun miedo ciempiés a los relojes.

(Los lectores pueden poner el título que quieran a este poe-
ma.)

Lomo de las sagradas escrituras

Sin haberlo advertido jamás, exceso por turismo
y sin agencias
de pecho en pecho hacia la madre unánime.

Hasta París ahora vengo a ser hijo. Escucha,
Hombre, en verdad te digo que eres el HIJO ETERNO
pues para ser hermano tus brazos son escasamente iguales
y tu malicia para ser padre, es mucha.

La talla de mi madre moviéndome por índole
de movimiento,
y poniéndome serio, me llega exactamente al corazón:
pesando cuanto cayera de vuelo con mis tristes abuelos,
mi madre me oye en diámetro callándose en altura.

Mi metro está midiendo ya dos metros
mis huesos concuerdan en género y en número
y el verbo encarnado habita entre nosotros
y el verbo encarnado habita, al hundirme en el baño,
un alto grado de perfección.

Libros a la carta

A la carta es un servicio especializado para
empresas,
librerías,
bibliotecas,
editoriales
y centros de enseñanza;
y permite confeccionar libros que, por su formato y concepción, sirven a los propósitos más específicos de estas instituciones.

Las empresas nos encargan ediciones personalizadas para marketing editorial o para regalos institucionales. Y los interesados solicitan, a título personal, ediciones antiguas, o no disponibles en el mercado; y las acompañan con notas y comentarios críticos.

Las ediciones tienen como apoyo un libro de estilo con todo tipo de referencias sobre los criterios de tratamiento tipográfico aplicados a nuestros libros que puede ser consultado en Linkgua-ediciones.com.

Linkgua edita por encargo diferentes versiones de una misma obra con distintos tratamientos ortotipográficos (actualizaciones de carácter divulgativo de un clásico, o versiones estrictamente fieles a la edición original de referencia).

Este servicio de ediciones a la carta le permitirá, si usted se dedica a la enseñanza, tener una forma de hacer pública su interpretación de un texto y, sobre una versión digitalizada «base», usted podrá introducir interpretaciones del texto fuente. Es un tópico que los profesores denuncien en clase los desmanes de una edición, o vayan comentando errores de interpretación de un texto y esta es una solución útil a esa necesidad del mundo académico.

Asimismo publicamos de manera sistemática, en un mismo catálogo, tesis doctorales y actas de congresos académicos, que son distribuidas a través de nuestra Web.

El servicio de «libros a la carta» funciona de dos formas.

1. Tenemos un fondo de libros digitalizados que usted puede personalizar en tiradas de al menos cinco ejemplares. Estas personalizaciones pueden ser de todo tipo: añadir notas de clase para uso de un grupo de estudiantes, introducir logos corporativos para uso con fines de marketing empresarial, etc. etc.

2. Buscamos libros descatalogados de otras editoriales y los reeditamos en tiradas cortas a petición de un cliente.